Pe. Thiago Faccini Paro

Livro de inscrição dos *Eleitos*

EDITORA VOZES

Petrópolis

© 2018, Editora Vozes Ltda.
Rua Frei Luís, 100
25689-900 Petrópolis, RJ
www.vozes.com.br
Brasil

Todos os direitos reservados. Nenhuma parte desta obra poderá ser reproduzida ou transmitida por qualquer forma e/ou quaisquer meios (eletrônico ou mecânico, incluindo fotocópia e gravação) ou arquivada em qualquer sistema ou banco de dados sem permissão escrita da editora.

CONSELHO EDITORIAL

Diretor

Gilberto Gonçalves Garcia

Editores

Aline dos Santos Carneiro

Edrian Josué Pasini

Marilac Loraine Oleniki

Welder Lancieri Marchini

Conselheiros

Francisco Morás

Ludovico Garmus

Teobaldo Heidemann

Volney J. Berkenbrock

Secretário executivo

João Batista Kreuch

Projeto gráfico e diagramação: Ana Maria Oleniki

Capa: Ana Maria Oleniki

ISBN 978-85-326-5835-7

Editado conforme o novo acordo ortográfico.

Este livro foi composto e impresso pela Editora Vozes Ltda.

Livro de inscrição dos *Eleitos*

Este livro, que contém 96 folhas, todas numeradas, à glória de Deus, destina-se ao solene registro dos nomes de todos os catecúmenos e catequizandos assistidos pela Paróquia _____, com sede na cidade de _____, Diocese de _____, estado de _____, que, incorporados à Igreja, buscam conhecer, aprofundar e vivenciar a fé em Jesus Cristo, nosso Salvador.

E para constar, eu, padre _____, pároco, assino e dou por aberto o presente livro de registro dos catecúmenos e catequizandos.

Aos _____ de _____ de 20_____.

_____
Assinatura

Apresentação

O Ritual da Iniciação Cristã de Adultos (RICA), resgatando a antiga tradição catecumenal da Igreja (n. 133 a 151), apresenta a celebração da Eleição ou Inscrição do Nome. Para essa celebração é previsto o registro dos nomes dos catecúmenos, como pode ser lido na rubrica do número 146:

> Os candidatos, com seus padrinhos, aproximando-se de quem preside, ou permanecendo em seus lugares, dão o nome. A inscrição pode ser feita de vários modos: o nome é inscrito pelo próprio candidato ou, pronunciado claramente, é anotado pelo padrinho ou por quem preside. Se os candidatos forem muitos, a lista dos nomes pode ser apresentada a quem preside com estas palavras ou outras semelhantes: são estes os nomes. Durante a inscrição dos nomes, pode-se cantar um canto apropriado.

O RICA, porém, não faz menção nem especifica o local em que os nomes devem ser registrados. Diante disso, e tendo em vista auxiliar nossas comunidades a bem celebrar o rito proposto, apresentamos o Livro de Inscrição dos Eleitos como alternativa para a plena realização desta celebração com os catecúmenos, com o rito previsto pelo RICA e, ainda, com um rito adaptado possibilitando sua utilização para os catequizandos, os eleitos (batizados) cujos nomes já foram inscritos.

Vale ressaltar que a Celebração da Eleição ou Inscrição do Nome, tal como é apresentada pelo RICA, deve ser realizada apenas com catecúmenos, ou seja, aqueles que ainda não receberam o sacramento do Batismo. Os que são batizados já são eleitos, já têm os seus nomes inscritos, por isso o rito deve ser adaptado: para dar o sentido de conclusão de uma etapa e início de outra. Sendo assim, sugerimos algumas possibilidades de utilização deste livro, seja junto aos catecúmenos ou catequizandos, com o roteiro do rito adaptado.

O Livro de Inscrição dos Eleitos, além de servir à celebração de Inscrição do Nome, com o sentido espiritual de ter o nome inscrito como eleito, escolhido, poderá ser um grande aliado na organização da catequese paroquial.

Com o livro, a catequese paroquial terá controle de quantos catecúmenos e catequizandos começaram o processo de Iniciação Cristã e quantos chegaram ao término de cada etapa. As datas das principais celebrações e atividades podem ser registradas no livro. Alguns espaços próprios já foram previstos, mas outros podem ser acrescentados de acordo com a necessidade de cada comunidade. Nem todos os espaços sugeridos para os registros precisam ser preenchidos, isso dependerá se são catecúmenos ou não, se são crianças e adolescentes batizados ou não.

O espaço destinado a registrar a data do Batismo, por exemplo, deverá ser preenchido apenas para os catequizandos. Aos catecúmenos, adultos ou não, poderá ser deixado em branco e preenchido apenas após a celebração batismal – recordando que os catecúmenos adultos devem receber os três sacramentos da Iniciação de uma única vez, na mesma celebração, de preferência na Vigília Pascal. Um único livro poderá ser suficiente para toda a paróquia ou, se achar necessário, cada comunidade poderá ter seu próprio livro. Ainda, se conveniente, poderá ter um livro só para os catequizandos e outro só para os catecúmenos.

Diversos ritos e possibilidades surgirão de acordo com a experiência e a necessidade de cada comunidade. Que o RICA, com o seu sentido teológico, litúrgico e pastoral, possa ser sempre a fonte, a inspiração e o modelo a ser seguido. Que este livro possa ser um valioso apoio às nossas paróquias, ajudando na implantação de uma catequese com inspiração catecumenal, bem como em sua organização.

Pe. Thiago Faccini Paro

Rito da Eleição ou Inscrição do Nome

Para catecúmenos adultos

O rito a ser utilizado é o próprio indicado no RICA (n. 133-151), que aqui transcrevemos com breves comentários. O dia para a realização desta celebração, por excelência, é o primeiro domingo da Quaresma, tomando as leituras do Lecionário Dominical, do ano A. Se por algum motivo o rito não puder ser celebrado neste dia, e as leituras próprias do tempo não forem adequadas, pode-se escolher outras apropriadas, como as já citadas no primeiro domingo da Quaresma, ano A.

A missa prossegue como de costume até a homilia, que deverá ser dirigida aos catecúmenos e a toda a comunidade para que, "esforçando-se por dar um bom exemplo, iniciem com os eleitos o caminho para os mistérios pascais" (RICA, n. 142). Após a homilia, o diácono ou um catequista, ou ainda um delegado da comunidade, apresenta os que vão ser eleitos:

Delegado: (Padre) N.,

aproximando-se as solenidades pascais,

os catecúmenos aqui presentes,

confiantes na graça divina

e ajudados pela oração e exemplo da comunidade,

pedem humildemente

que, depois da preparação necessária

e da celebração dos escrutínios,

lhes seja permitido participar dos sacramentos do Batismo,

da Confirmação e da Eucaristia.

Quem preside responde, solicitando que os futuros eleitos se aproximem com seus padrinhos e madrinhas.

Presidente: Aproximem-se, com seus padrinhos e madrinhas, os que vão ser eleitos.

Cada um, chamado pelo nome, adianta-se com o padrinho ou a madrinha e permanece diante de quem preside. Se forem muitos, faça-se a apresentação de todos ao mesmo tempo.

Delegado: ...N...

...N...

...N...

Se a apresentação não for nominal devido ao número de envolvidos, pode-se entoar o refrão de um canto enquanto se aproximam — "Eis-me aqui, Senhor", por exemplo. Quem preside prossegue dirigindo-se aos padrinhos, para que deem seus testemunhos a respeito da conduta dos catecúmenos.

Presidente: A Santa Igreja de Deus deseja certificar-se de que

estes catecúmenos estão em condições de

serem admitidos entre os eleitos

para a celebração das solenidades pascais.

Peço, por isso, a vocês, padrinhos e madrinhas,

a darem testemunho a respeito da conduta desses catecúmenos:

Ouviram eles fielmente a Palavra de Deus

anunciada pela Igreja?

Os padrinhos: Ouviram.

Presidente: Estão vivendo na presença de Deus,

de acordo com o que lhes foi ensinado?

Os padrinhos: Estão.

Presidente: Têm participado da vida e da oração da comunidade?

Os padrinhos: Têm participado.

Ainda, toda a assembleia poderá ser interrogada se está de acordo com a eleição dos catecúmenos ali apresentados.

Positiva a resposta de todos, quem preside exorta e interroga os catecúmenos se querem ser iniciados na fé cristã, receber os sacramentos e prosseguir fiéis à santa Igreja, continuando a frequentar a catequese e a participar da vida da comunidade.

Presidente: Agora me dirijo a vocês, prezados catecúmenos.

Seus padrinhos e catequistas, e muitos da comunidade,

deram testemunho favorável a respeito de vocês.

Confiando em seu parecer, a Igreja, em nome de Cristo,

chama vocês para os sacramentos pascais.

Vocês, tendo ouvido a voz de Cristo,

devem agora responder-Lhe perante a Igreja,

manifestando a sua intenção.

Vocês querem ser iniciados à vida cristã

pelos sacramentos do Batismo, da Confirmação e da Eucaristia?

Os catecúmenos: Queremos.

Presidente: Querem prosseguir fiéis à santa Igreja,

continuando a frequentar a catequese e

participando da vida da comunidade?

Os catecúmenos: Queremos.

Quem preside solicita o nome de cada um para ser inscrito no Livro de Inscrição dos Eleitos.

Presidente: Deem, por favor, os seus nomes.

Os candidatos, com seus padrinhos, aproximando-se de quem preside, ou permanecendo em seus lugares, dão seus nomes. A inscrição pode ser feita de vários modos: o nome é inscrito pelo próprio candidato ou, pronunciado claramente, é anotado pelo padrinho ou por quem preside. Se os candidatos forem muitos, a lista dos nomes pode ser apresentada a quem preside com estas palavras ou outras semelhantes: "São estes os nomes". Durante a inscrição dos nomes, pode-se cantar um canto apropriado — por exemplo, o Sl 15 (cf. "Textos diversos" do RICA, n. 374bis [146]). Os nomes são inscritos, um a um, no livro.

Terminada a inscrição dos nomes, chega-se ao ponto alto da celebração, quando quem preside declara eleitos os catecúmenos. Quem preside, tomando o livro e lendo os nomes anotados, diz:

Presidente: (N. e N.), eu declaro vocês eleitos

para serem iniciados nos sagrados mistérios

na próxima Vigília Pascal.

Os catecúmenos: Graças a Deus.

Quem preside exorta os eleitos sobre a fidelidade de Deus, que nunca lhes negará ajuda.

Presidente: Deus é sempre fiel ao seu chamado
e nunca lhes negará a Sua ajuda.
Vocês devem se esforçar para serem fiéis a Ele
e realizar plenamente o significado desta eleição.

Para que cumpram a sua missão de acompanhá-los com auxílio e exemplo, dirigir-se aos padrinhos.

Presidente: Estes catecúmenos, de quem deram testemunho,
foram confiados a vocês no Senhor.
Acompanhem-nos com o auxílio e o exemplo fraterno
até os sacramentos da vida divina.

Os padrinhos e as madrinhas, colocando as mãos nos ombros dos eleitos (ou outro gesto de igual significado), os recebem como afilhados. Quem preside prossegue com a oração pelos eleitos. As preces são concluídas com as mãos estendidas de quem preside, e com uma belíssima oração que expressa uma catequese sucinta e renovada da História da Salvação.

Presidente: Queridos irmãos e irmãs,
preparando-nos para celebrar os mistérios
da paixão e ressurreição,
iniciamos hoje os exercícios quaresmais.
Os eleitos que conduzimos conosco aos sacramentos pascais
esperam de nós um exemplo de conversão.
Roguemos ao Senhor por eles e por nós,
a fim de que nos animemos
por nossa mútua renovação
e sejamos dignos das graças pascais.

Leitor: Nós vos rogamos, Senhor, que por vossa graça estes eleitos encontrem alegria na oração cotidiana e a vivam cada vez mais em união convosco.
R. Nós vos rogamos, Senhor.

Leitor: Alegrem-se de ler vossa Palavra e meditá-la no coração.
R. Nós vos rogamos, Senhor.

Leitor: Reconheçam humildemente seus defeitos e comecem a corrigi-los com firmeza.
R. Nós vos rogamos, Senhor.

Leitor: Transformem o trabalho cotidiano em oferenda que vos seja agradável.
R. Nós vos rogamos, Senhor.

Leitor: Tenham sempre alguma coisa a oferecer-vos em cada dia da Quaresma.
R. Nós vos rogamos, Senhor.

Leitor: Abstenham-se corajosamente de tudo o que possa manchar-lhes a pureza do coração.
R. Nós vos rogamos, Senhor.

Leitor: Acostumem-se a amar e cultivar a virtude e a santidade de vida.
R. Nós vos rogamos, Senhor.

Leitor: Renunciando a si mesmos, busquem mais o bem do próximo do que o seu próprio bem.

R. Nós vos rogamos, Senhor.

Leitor: Partilhem com os outros a alegria que lhes foi dada pela fé.

R. Nós vos rogamos, Senhor.

Leitor: Em vossa bondade, guardai e abençoai as suas famílias.

R. Nós vos rogamos, Senhor.

As preces são concluídas com as mãos estendidas de quem preside, e com uma belíssima oração que expressa uma catequese sucinta e renovada da História da Salvação.

Presidente: Pai amado e todo-poderoso,

Vós quereis restaurar todas as coisas no Cristo

e atraís toda a humanidade para Ele.

Guiai estes eleitos da vossa Igreja e concedei que, fiéis à vocação,

possam integrar-se no reino de vosso Filho

e ser assinalados com o dom do Espírito Santo.

Por Cristo, nosso Senhor.

R. Amém.

O rito é concluído com a despedida dos eleitos, e a missa prossegue com a liturgia eucarística. Por razões pastorais, os eleitos podem permanecer na celebração e, se assim for, omite-se a exortação a seguir.

Presidente: Caros eleitos,

vocês iniciaram conosco as práticas da Quaresma.

Cristo será para vocês o caminho, a verdade e a vida.

Agora, vão em paz.

Rito de Inscrição do Nome e Entrega do Livro Sagrado

Para crianças em idade de catequese
(Catecúmenos e/ou catequizandos)

O rito sugerido a seguir une elementos de duas celebrações propostas pelo RICA: a "Celebração da Entrada no Catecumenato" (n. 68-97) e a "Celebração da Eleição ou Inscrição do Nome" (n. 133-151). Pode ser realizado com crianças e adolescentes em idade de catequese, batizadas ou não. A proposta visa a atender a realidade de diversas comunidades que mantêm catecúmenos e catequizandos nas mesmas turmas de catequese. Diante disso, vale ressaltar que a celebração de entrada no catecumenato pode ser realizada, como proposto pelo RICA, apenas para catecúmenos. Os catequizandos, ou seja, os que são batizados, já são membros da Igreja, e não teria sentido admiti-los, pois se estaria negando a validade do seu Batismo.

Para essa celebração, os nomes dos catequizandos (batizados) já devem estar escritos no livro, e os que ainda não são batizados serão escritos durante a celebração, diferenciando os catequizandos dos catecúmenos. Essa será a única distinção da celebração, e os catecúmenos serão chamados também de catequizandos.

Esta celebração tem o objetivo de apresentar para toda a comunidade os catequizandos que concluíram uma etapa da Iniciação Cristã ou parte dela, chamando a atenção para a grande importância desse processo à vida da Igreja e entregando-lhes não apenas a insígnia da cruz de Cristo (sinal de sua adesão à catequese), mas também o Livro Sagrado. Essa celebração pode acontecer em qualquer dia do ano, desde que em sintonia com o itinerário catequético. Deve-se, portanto, providenciar para todos Bíblia e insígnia, que poderá ser um cordão com uma cruz ou crucifixo.

Os catequizandos, catecúmenos e padrinhos de Batismo participam da procissão inicial. Pode-se levar, na ocasião, o Livro de Inscrição dos Eleitos e as insígnias. Na saudação inicial, quem preside acolhe os catequizandos, familiares e comunidade. Tudo segue como de costume até a homilia.

Após a homilia, o diácono ou um catequista, ou ainda um delegado da comunidade, pega o livro solenemente com os nomes dos catequizandos e chama cada um.

Delegado: Queiram aproximar-se os que estão com os nomes inscritos no Livro de Inscrição dos Eleitos, e que serão acolhidos na próxima etapa do processo catequético: (lê-se os nomes) ...N..., ...N...

Cada um responde individualmente: Presente!
(ou todos juntos, se forem muitos)

Se tiver catequizandos que não foram batizados, seus nomes são inscritos no livro conforme o rito a seguir.

Delegado: Serão inscritos, ainda, os nomes daqueles que receberão o Batismo no decorrer do processo catequético. Portanto aproximem-se aqueles que se banharão na fonte das águas batismais: ...N..., ...N...

Os candidatos se aproximam e respondem "presente". Depois, acompanham o diácono ou o catequista até o altar onde quem preside inscreverá o nome de cada candidato no livro.

Terminada a inscrição dos nomes, o presidente prossegue com a entrega da insígnia e da Bíblia. Podem se aproximar um de cada vez ou, se forem muitos, fazer uma fila. O presidente impõe a insígnia sobre cada um, dizendo:

Presidente: ...N..., recebe a insígnia da cruz de Cristo, sinal da sua adesão ao caminho do discipulado.

Catequizando: Amém.

Presidente: ...N..., recebe o livro da Palavra de Deus.
Que ela seja luz para a sua vida.

Catequizando: Amém.

Todos retornam aos seus lugares e quem preside, estendendo a mão sobre os catequizandos, faz a oração:

Presidente: Oremos.
Deus todo-poderoso,
que pela cruz e ressurreição de vosso Filho
destes vida ao vosso povo,
aumentai a fé e o entendimento dos nossos catequizandos
para que, seguindo os passos de Cristo,
conservem em sua vida
a graça da vitória da cruz
e a manifestem por palavras e gestos.
Por Cristo, nosso Senhor.

R. Amém.

A missa prossegue como de costume até o seu final. Durante a oração da assembleia, podem-se acrescentar algumas orações pelos catequizandos e suas famílias:

Presidente: Oremos por estes queridos catequizandos,
vossos filhos e filhas,
companheiros e amigos,
que agora procuram a Deus.

Leitor: Para que esses catequizandos meditem em seu coração a Palavra de Deus, saboreando-a cada vez mais intensamente, roguemos ao Senhor.

R. Senhor, atendei a nossa prece.

Leitor: Para que esses catequizandos, confiando na Palavra de Cristo, vivam na liberdade dos filhos de Deus, roguemos ao Senhor.

R. Senhor, atendei a nossa prece.

Leitor: Para que esses catequizandos, contemplando a sabedoria da cruz, possam gloriar-se em Deus, que confunde a sabedoria deste mundo, roguemos ao Senhor.

R. Senhor, atendei a nossa prece.

Leitor: Para que o Espírito Santo, que sonda os corações de todos, fortifique com sua força divina esses catequizandos e os ensine as coisas que são de Deus e a Ele agradam, roguemos ao Senhor.

R. Senhor, atendei a nossa prece.

Leitor: Para que as famílias desses novos catequizandos coloquem sua esperança em Cristo e Nele encontrem paz e santidade, roguemos ao Senhor.

R. Senhor, atendei a nossa prece.

Leitor: Para que as famílias e os povos impedidos de abraçar a fé tenham a liberdade de crer no Evangelho, roguemos ao Senhor.

R. Senhor, atendei a nossa prece.

Leitor: Para que o Senhor fortaleça e ilumine todos os padrinhos de Batismo em sua missão de introduzir os afilhados na fé cristã, roguemos.

R. Senhor, atendei a nossa prece.

Presidente: Ó Pai, que despertastes nestes catequizandos
o desejo de serem bons cristãos,
fazei que eles vos procurem sempre
e vejam realizados Teu desejo e nossas preces.
Por Cristo, nosso Senhor.

Todos: Amém.

Eleitos

"Vós sois a geração escolhida, sacerdócio régio, nação santa, povo que ele conquistou para proclamar os grandes feitos daquele que vos chamou das trevas para sua luz admirável." (1Pd 2,9)

Eleitos

Os inscritos foram acolhidos no processo de Iniciação Cristã no ano de: _____

Acompanham os catequistas: _____

nº	Nome	Data de BATISMO	Celebração da Entrega da PALAVRA DE DEUS	Celebração da Entrega do CREDO	Celebração da Recitação do CREDO	Celebração da Entrega do PAI-NOSSO
1						
2						
3						
4						
5						
6						
7						
8						
9						
10						
11						
12						
13						
14						
15						
16						
17						
18						
19						
20						
21						
22						
23						
24						
25						

Celebração da ELEIÇÃO	Sacramento da RECONCILIAÇÃO (apenas os batizados)	Sacramento da EUCARISTIA	Envio ao Estágio PASTORAL	Sacramento da CRISMA		

Eleitos

Os inscritos foram acolhidos no processo de Iniciação Cristã no ano de: _____

Acompanham os catequistas: _____

nº	Nome	Data de BATISMO	Celebração da Entrega da PALAVRA DE DEUS	Celebração da Entrega do CREDO	Celebração da Recitação do CREDO	Celebração da Entrega do PAI-NOSSO
1						
2						
3						
4						
5						
6						
7						
8						
9						
10						
11						
12						
13						
14						
15						
16						
17						
18						
19						
20						
21						
22						
23						
24						
25						

Celebração da ELEIÇÃO	Sacramento da RECONCILIAÇÃO (apenas os batizados)	Sacramento da EUCARISTIA	Envio ao Estágio PASTORAL	Sacramento da CRISMA		

Eleitos

Os inscritos foram acolhidos no processo de Iniciação Cristã no ano de: _____

Acompanham os catequistas: _____

nº	Nome	Data de BATISMO	Celebração da Entrega da PALAVRA DE DEUS	Celebração da Entrega do CREDO	Celebração da Recitação do CREDO	Celebração da Entrega do PAI-NOSSO
1						
2						
3						
4						
5						
6						
7						
8						
9						
10						
11						
12						
13						
14						
15						
16						
17						
18						
19						
20						
21						
22						
23						
24						
25						

Celebração da ELEIÇÃO	Sacramento da RECONCILIAÇÃO (apenas os batizados)	Sacramento da EUCARISTIA	Envio ao Estágio PASTORAL	Sacramento da CRISMA		

Eleitos

Os inscritos foram acolhidos no processo de Iniciação Cristã no ano de: _____

Acompanham os catequistas: _____

nº	Nome	Data de BATISMO	Celebração da Entrega da PALAVRA DE DEUS	Celebração da Entrega do CREDO	Celebração da Recitação do CREDO	Celebração da Entrega do PAI-NOSSO
1						
2						
3						
4						
5						
6						
7						
8						
9						
10						
11						
12						
13						
14						
15						
16						
17						
18						
19						
20						
21						
22						
23						
24						
25						

Celebração da ELEIÇÃO	Sacramento da RECONCILIAÇÃO (apenas os batizados)	Sacramento da EUCARISTIA	Envio ao Estágio PASTORAL	Sacramento da CRISMA		

Eleitos

Os inscritos foram acolhidos no processo de Iniciação Cristã no ano de: _____

Acompanham os catequistas: _____

nº	Nome	Data de BATISMO	Celebração da Entrega da PALAVRA DE DEUS	Celebração da Entrega do CREDO	Celebração da Recitação do CREDO	Celebração da Entrega do PAI-NOSSO
1						
2						
3						
4						
5						
6						
7						
8						
9						
10						
11						
12						
13						
14						
15						
16						
17						
18						
19						
20						
21						
22						
23						
24						
25						

Celebração da ELEIÇÃO	Sacramento da RECONCILIAÇÃO (apenas os batizados)	Sacramento da EUCARISTIA	Envio ao Estágio PASTORAL	Sacramento da CRISMA		

Eleitos

Os inscritos foram acolhidos no processo de Iniciação Cristã no ano de: _____

Acompanham os catequistas: _____

nº	Nome	Data de BATISMO	Celebração da Entrega da PALAVRA DE DEUS	Celebração da Entrega do CREDO	Celebração da Recitação do CREDO	Celebração da Entrega do PAI-NOSSO
1						
2						
3						
4						
5						
6						
7						
8						
9						
10						
11						
12						
13						
14						
15						
16						
17						
18						
19						
20						
21						
22						
23						
24						
25						

Celebração da ELEIÇÃO	Sacramento da RECONCILIAÇÃO (apenas os batizados)	Sacramento da EUCARISTIA	Envio ao Estágio PASTORAL	Sacramento da CRISMA		

Eleitos

Os inscritos foram acolhidos no processo de Iniciação Cristã no ano de: _____

Acompanham os catequistas: _____

nº	Nome	Data de BATISMO	Celebração da Entrega da PALAVRA DE DEUS	Celebração da Entrega do CREDO	Celebração da Recitação do CREDO	Celebração da Entrega do PAI-NOSSO
1						
2						
3						
4						
5						
6						
7						
8						
9						
10						
11						
12						
13						
14						
15						
16						
17						
18						
19						
20						
21						
22						
23						
24						
25						

Celebração da ELEIÇÃO	Sacramento da RECONCILIAÇÃO (apenas os batizados)	Sacramento da EUCARISTIA	Envio ao Estágio PASTORAL	Sacramento da CRISMA		

Eleitos

Os inscritos foram acolhidos no processo de Iniciação Cristã no ano de: _____

Acompanham os catequistas: _____

nº	Nome	Data de BATISMO	Celebração da Entrega da PALAVRA DE DEUS	Celebração da Entrega do CREDO	Celebração da Recitação do CREDO	Celebração da Entrega do PAI-NOSSO
1						
2						
3						
4						
5						
6						
7						
8						
9						
10						
11						
12						
13						
14						
15						
16						
17						
18						
19						
20						
21						
22						
23						
24						
25						

Celebração da ELEIÇÃO	Sacramento da RECONCILIAÇÃO (apenas os batizados)	Sacramento da EUCARISTIA	Envio ao Estágio PASTORAL	Sacramento da CRISMA		

Eleitos

Os inscritos foram acolhidos no processo de Iniciação Cristã no ano de: _____

Acompanham os catequistas: _____

nº	Nome	Data de BATISMO	Celebração da Entrega da PALAVRA DE DEUS	Celebração da Entrega do CREDO	Celebração da Recitação do CREDO	Celebração da Entrega do PAI-NOSSO
1						
2						
3						
4						
5						
6						
7						
8						
9						
10						
11						
12						
13						
14						
15						
16						
17						
18						
19						
20						
21						
22						
23						
24						
25						

Celebração da ELEIÇÃO	Sacramento da RECONCILIAÇÃO (apenas os batizados)	Sacramento da EUCARISTIA	Envio ao Estágio PASTORAL	Sacramento da CRISMA		

Eleitos

Os inscritos foram acolhidos no processo de Iniciação Cristã no ano de: _____

Acompanham os catequistas: _____

nº	Nome	Data de BATISMO	Celebração da Entrega da PALAVRA DE DEUS	Celebração da Entrega do CREDO	Celebração da Recitação do CREDO	Celebração da Entrega do PAI-NOSSO
1						
2						
3						
4						
5						
6						
7						
8						
9						
10						
11						
12						
13						
14						
15						
16						
17						
18						
19						
20						
21						
22						
23						
24						
25						

Celebração da ELEIÇÃO	Sacramento da RECONCILIAÇÃO (apenas os batizados)	Sacramento da EUCARISTIA	Envio ao Estágio PASTORAL	Sacramento da CRISMA		

Eleitos

Os inscritos foram acolhidos no processo de Iniciação Cristã no ano de: _____

Acompanham os catequistas: _____

nº	Nome	Data de BATISMO	Celebração da Entrega da PALAVRA DE DEUS	Celebração da Entrega do CREDO	Celebração da Recitação do CREDO	Celebração da Entrega do PAI-NOSSO
1						
2						
3						
4						
5						
6						
7						
8						
9						
10						
11						
12						
13						
14						
15						
16						
17						
18						
19						
20						
21						
22						
23						
24						
25						

Celebração da ELEIÇÃO	Sacramento da RECONCILIAÇÃO (apenas os batizados)	Sacramento da EUCARISTIA	Envio ao Estágio PASTORAL	Sacramento da CRISMA		

Eleitos

Os inscritos foram acolhidos no processo de Iniciação Cristã no ano de: _____

Acompanham os catequistas: _____

nº	Nome	Data de BATISMO	Celebração da Entrega da PALAVRA DE DEUS	Celebração da Entrega do CREDO	Celebração da Recitação do CREDO	Celebração da Entrega do PAI-NOSSO
1						
2						
3						
4						
5						
6						
7						
8						
9						
10						
11						
12						
13						
14						
15						
16						
17						
18						
19						
20						
21						
22						
23						
24						
25						

Celebração da ELEIÇÃO	Sacramento da RECONCILIAÇÃO (apenas os batizados)	Sacramento da EUCARISTIA	Envio ao Estágio PASTORAL	Sacramento da CRISMA		

Eleitos

Os inscritos foram acolhidos no processo de Iniciação Cristã no ano de: _____

Acompanham os catequistas: _____

nº	Nome	Data de BATISMO	Celebração da Entrega da PALAVRA DE DEUS	Celebração da Entrega do CREDO	Celebração da Recitação do CREDO	Celebração da Entrega do PAI-NOSSO
1						
2						
3						
4						
5						
6						
7						
8						
9						
10						
11						
12						
13						
14						
15						
16						
17						
18						
19						
20						
21						
22						
23						
24						
25						

Celebração da ELEIÇÃO	Sacramento da RECONCILIAÇÃO (apenas os batizados)	Sacramento da EUCARISTIA	Envio ao Estágio PASTORAL	Sacramento da CRISMA		

Eleitos

Os inscritos foram acolhidos no processo de Iniciação Cristã no ano de: _____

Acompanham os catequistas: _____

nº	Nome	Data de BATISMO	Celebração da Entrega da PALAVRA DE DEUS	Celebração da Entrega do CREDO	Celebração da Recitação do CREDO	Celebração da Entrega do PAI-NOSSO
1						
2						
3						
4						
5						
6						
7						
8						
9						
10						
11						
12						
13						
14						
15						
16						
17						
18						
19						
20						
21						
22						
23						
24						
25						

Celebração da ELEIÇÃO	Sacramento da RECONCILIAÇÃO (apenas os batizados)	Sacramento da EUCARISTIA	Envio ao Estágio PASTORAL	Sacramento da CRISMA		

Eleitos

Os inscritos foram acolhidos no processo de Iniciação Cristã no ano de: _____

Acompanham os catequistas: _____

nº	Nome	Data de BATISMO	Celebração da Entrega da PALAVRA DE DEUS	Celebração da Entrega do CREDO	Celebração da Recitação do CREDO	Celebração da Entrega do PAI-NOSSO
1						
2						
3						
4						
5						
6						
7						
8						
9						
10						
11						
12						
13						
14						
15						
16						
17						
18						
19						
20						
21						
22						
23						
24						
25						

Celebração da ELEIÇÃO	Sacramento da RECONCILIAÇÃO (apenas os batizados)	Sacramento da EUCARISTIA	Envio ao Estágio PASTORAL	Sacramento da CRISMA		

Eleitos

Os inscritos foram acolhidos no processo de Iniciação Cristã no ano de: _____

Acompanham os catequistas: _____

nº	Nome	Data de BATISMO	Celebração da Entrega da PALAVRA DE DEUS	Celebração da Entrega do CREDO	Celebração da Recitação do CREDO	Celebração da Entrega do PAI-NOSSO
1						
2						
3						
4						
5						
6						
7						
8						
9						
10						
11						
12						
13						
14						
15						
16						
17						
18						
19						
20						
21						
22						
23						
24						
25						

Celebração da ELEIÇÃO	Sacramento da RECONCILIAÇÃO (apenas os batizados)	Sacramento da EUCARISTIA	Envio ao Estágio PASTORAL	Sacramento da CRISMA		

Eleitos

Os inscritos foram acolhidos no processo de Iniciação Cristã no ano de: _____

Acompanham os catequistas: _____

nº	Nome	Data de BATISMO	Celebração da Entrega da PALAVRA DE DEUS	Celebração da Entrega do CREDO	Celebração da Recitação do CREDO	Celebração da Entrega do PAI-NOSSO
1						
2						
3						
4						
5						
6						
7						
8						
9						
10						
11						
12						
13						
14						
15						
16						
17						
18						
19						
20						
21						
22						
23						
24						
25						

Celebração da ELEIÇÃO	Sacramento da RECONCILIAÇÃO (apenas os batizados)	Sacramento da EUCARISTIA	Envio ao Estágio PASTORAL	Sacramento da CRISMA		

Eleitos

Os inscritos foram acolhidos no processo de Iniciação Cristã no ano de: _____

Acompanham os catequistas: _____

nº	Nome	Data de BATISMO	Celebração da Entrega da PALAVRA DE DEUS	Celebração da Entrega do CREDO	Celebração da Recitação do CREDO	Celebração da Entrega do PAI-NOSSO
1						
2						
3						
4						
5						
6						
7						
8						
9						
10						
11						
12						
13						
14						
15						
16						
17						
18						
19						
20						
21						
22						
23						
24						
25						

Celebração da ELEIÇÃO	Sacramento da RECONCILIAÇÃO (apenas os batizados)	Sacramento da EUCARISTIA	Envio ao Estágio PASTORAL	Sacramento da CRISMA		

Eleitos

Os inscritos foram acolhidos no processo de Iniciação Cristã no ano de: _____

Acompanham os catequistas: _____

nº	Nome	Data de BATISMO	Celebração da Entrega da PALAVRA DE DEUS	Celebração da Entrega do CREDO	Celebração da Recitação do CREDO	Celebração da Entrega do PAI-NOSSO
1						
2						
3						
4						
5						
6						
7						
8						
9						
10						
11						
12						
13						
14						
15						
16						
17						
18						
19						
20						
21						
22						
23						
24						
25						

Celebração da ELEIÇÃO	Sacramento da RECONCILIAÇÃO (apenas os batizados)	Sacramento da EUCARISTIA	Envio ao Estágio PASTORAL	Sacramento da CRISMA		

Eleitos

Os inscritos foram acolhidos no processo de Iniciação Cristã no ano de: _____

Acompanham os catequistas: _____

nº	Nome	Data de BATISMO	Celebração da Entrega da PALAVRA DE DEUS	Celebração da Entrega do CREDO	Celebração da Recitação do CREDO	Celebração da Entrega do PAI-NOSSO
1						
2						
3						
4						
5						
6						
7						
8						
9						
10						
11						
12						
13						
14						
15						
16						
17						
18						
19						
20						
21						
22						
23						
24						
25						

Celebração da ELEIÇÃO	Sacramento da RECONCILIAÇÃO (apenas os batizados)	Sacramento da EUCARISTIA	Envio ao Estágio PASTORAL	Sacramento da CRISMA		

Eleitos

Os inscritos foram acolhidos no processo de Iniciação Cristã no ano de: _____

Acompanham os catequistas: _____

nº	Nome	Data de BATISMO	Celebração da Entrega da PALAVRA DE DEUS	Celebração da Entrega do CREDO	Celebração da Recitação do CREDO	Celebração da Entrega do PAI-NOSSO
1						
2						
3						
4						
5						
6						
7						
8						
9						
10						
11						
12						
13						
14						
15						
16						
17						
18						
19						
20						
21						
22						
23						
24						
25						

Celebração da ELEIÇÃO	Sacramento da RECONCILIAÇÃO (apenas os batizados)	Sacramento da EUCARISTIA	Envio ao Estágio PASTORAL	Sacramento da CRISMA		

Eleitos

Os inscritos foram acolhidos no processo de Iniciação Cristã no ano de: _____

Acompanham os catequistas: _____

nº	Nome	Data de BATISMO	Celebração da Entrega da PALAVRA DE DEUS	Celebração da Entrega do CREDO	Celebração da Recitação do CREDO	Celebração da Entrega do PAI-NOSSO
1						
2						
3						
4						
5						
6						
7						
8						
9						
10						
11						
12						
13						
14						
15						
16						
17						
18						
19						
20						
21						
22						
23						
24						
25						

Celebração da ELEIÇÃO	Sacramento da RECONCILIAÇÃO (apenas os batizados)	Sacramento da EUCARISTIA	Envio ao Estágio PASTORAL	Sacramento da CRISMA		

Eleitos

Os inscritos foram acolhidos no processo de Iniciação Cristã no ano de: _____

Acompanham os catequistas: _____

nº	Nome	Data de BATISMO	Celebração da Entrega da PALAVRA DE DEUS	Celebração da Entrega do CREDO	Celebração da Recitação do CREDO	Celebração da Entrega do PAI-NOSSO
1						
2						
3						
4						
5						
6						
7						
8						
9						
10						
11						
12						
13						
14						
15						
16						
17						
18						
19						
20						
21						
22						
23						
24						
25						

Celebração da ELEIÇÃO	Sacramento da RECONCILIAÇÃO (apenas os batizados)	Sacramento da EUCARISTIA	Envio ao Estágio PASTORAL	Sacramento da CRISMA		

Eleitos

Os inscritos foram acolhidos no processo de Iniciação Cristã no ano de: _____

Acompanham os catequistas: _____

nº	Nome	Data de BATISMO	Celebração da Entrega da PALAVRA DE DEUS	Celebração da Entrega do CREDO	Celebração da Recitação do CREDO	Celebração da Entrega do PAI-NOSSO
1						
2						
3						
4						
5						
6						
7						
8						
9						
10						
11						
12						
13						
14						
15						
16						
17						
18						
19						
20						
21						
22						
23						
24						
25						

Celebração da ELEIÇÃO	Sacramento da RECONCILIAÇÃO (apenas os batizados)	Sacramento da EUCARISTIA	Envio ao Estágio PASTORAL	Sacramento da CRISMA		

Eleitos

Os inscritos foram acolhidos no processo de Iniciação Cristã no ano de: _____

Acompanham os catequistas: _____

nº	Nome	Data de BATISMO	Celebração da Entrega da PALAVRA DE DEUS	Celebração da Entrega do CREDO	Celebração da Recitação do CREDO	Celebração da Entrega do PAI-NOSSO
1						
2						
3						
4						
5						
6						
7						
8						
9						
10						
11						
12						
13						
14						
15						
16						
17						
18						
19						
20						
21						
22						
23						
24						
25						

Celebração da ELEIÇÃO	Sacramento da RECONCILIAÇÃO (apenas os batizados)	Sacramento da EUCARISTIA	Envio ao Estágio PASTORAL	Sacramento da CRISMA		

Eleitos

Os inscritos foram acolhidos no processo de Iniciação Cristã no ano de: _____

Acompanham os catequistas: _____

nº	Nome	Data de BATISMO	Celebração da Entrega da PALAVRA DE DEUS	Celebração da Entrega do CREDO	Celebração da Recitação do CREDO	Celebração da Entrega do PAI-NOSSO
1						
2						
3						
4						
5						
6						
7						
8						
9						
10						
11						
12						
13						
14						
15						
16						
17						
18						
19						
20						
21						
22						
23						
24						
25						

Celebração da ELEIÇÃO	Sacramento da RECONCILIAÇÃO (apenas os batizados)	Sacramento da EUCARISTIA	Envio ao Estágio PASTORAL	Sacramento da CRISMA		

Eleitos

Os inscritos foram acolhidos no processo de Iniciação Cristã no ano de: _____

Acompanham os catequistas: _____

nº	Nome	Data de BATISMO	Celebração da Entrega da PALAVRA DE DEUS	Celebração da Entrega do CREDO	Celebração da Recitação do CREDO	Celebração da Entrega do PAI-NOSSO
1						
2						
3						
4						
5						
6						
7						
8						
9						
10						
11						
12						
13						
14						
15						
16						
17						
18						
19						
20						
21						
22						
23						
24						
25						

Celebração da ELEIÇÃO	Sacramento da RECONCILIAÇÃO (apenas os batizados)	Sacramento da EUCARISTIA	Envio ao Estágio PASTORAL	Sacramento da CRISMA		

Eleitos

Os inscritos foram acolhidos no processo de Iniciação Cristã no ano de: _____

Acompanham os catequistas: _____

nº	Nome	Data de BATISMO	Celebração da Entrega da PALAVRA DE DEUS	Celebração da Entrega do CREDO	Celebração da Recitação do CREDO	Celebração da Entrega do PAI-NOSSO
1						
2						
3						
4						
5						
6						
7						
8						
9						
10						
11						
12						
13						
14						
15						
16						
17						
18						
19						
20						
21						
22						
23						
24						
25						

Celebração da ELEIÇÃO	Sacramento da RECONCILIAÇÃO (apenas os batizados)	Sacramento da EUCARISTIA	Envio ao Estágio PASTORAL	Sacramento da CRISMA		

Eleitos

Os inscritos foram acolhidos no processo de Iniciação Cristã no ano de: _____

Acompanham os catequistas: _____

nº	Nome	Data de BATISMO	Celebração da Entrega da PALAVRA DE DEUS	Celebração da Entrega do CREDO	Celebração da Recitação do CREDO	Celebração da Entrega do PAI-NOSSO
1						
2						
3						
4						
5						
6						
7						
8						
9						
10						
11						
12						
13						
14						
15						
16						
17						
18						
19						
20						
21						
22						
23						
24						
25						

Celebração da ELEIÇÃO	Sacramento da RECONCILIAÇÃO (apenas os batizados)	Sacramento da EUCARISTIA	Envio ao Estágio PASTORAL	Sacramento da CRISMA		

Eleitos

Os inscritos foram acolhidos no processo de Iniciação Cristã no ano de: _____

Acompanham os catequistas: _____

nº	Nome	Data de BATISMO	Celebração da Entrega da PALAVRA DE DEUS	Celebração da Entrega do CREDO	Celebração da Recitação do CREDO	Celebração da Entrega do PAI-NOSSO
1						
2						
3						
4						
5						
6						
7						
8						
9						
10						
11						
12						
13						
14						
15						
16						
17						
18						
19						
20						
21						
22						
23						
24						
25						

Celebração da ELEIÇÃO	Sacramento da RECONCILIAÇÃO (apenas os batizados)	Sacramento da EUCARISTIA	Envio ao Estágio PASTORAL	Sacramento da CRISMA		

Eleitos

Os inscritos foram acolhidos no processo de Iniciação Cristã no ano de: _____

Acompanham os catequistas: _____

nº	Nome	Data de BATISMO	Celebração da Entrega da PALAVRA DE DEUS	Celebração da Entrega do CREDO	Celebração da Recitação do CREDO	Celebração da Entrega do PAI-NOSSO
1						
2						
3						
4						
5						
6						
7						
8						
9						
10						
11						
12						
13						
14						
15						
16						
17						
18						
19						
20						
21						
22						
23						
24						
25						

Celebração da ELEIÇÃO	Sacramento da RECONCILIAÇÃO (apenas os batizados)	Sacramento da EUCARISTIA	Envio ao Estágio PASTORAL	Sacramento da CRISMA		

Eleitos

Os inscritos foram acolhidos no processo de Iniciação Cristã no ano de: _____

Acompanham os catequistas: _____

nº	Nome	Data de BATISMO	Celebração da Entrega da PALAVRA DE DEUS	Celebração da Entrega do CREDO	Celebração da Recitação do CREDO	Celebração da Entrega do PAI-NOSSO
1						
2						
3						
4						
5						
6						
7						
8						
9						
10						
11						
12						
13						
14						
15						
16						
17						
18						
19						
20						
21						
22						
23						
24						
25						

Celebração da ELEIÇÃO	Sacramento da RECONCILIAÇÃO (apenas os batizados)	Sacramento da EUCARISTIA	Envio ao Estágio PASTORAL	Sacramento da CRISMA		

Eleitos

Os inscritos foram acolhidos no processo de Iniciação Cristã no ano de: _____

Acompanham os catequistas: _____

nº	Nome	Data de BATISMO	Celebração da Entrega da PALAVRA DE DEUS	Celebração da Entrega do CREDO	Celebração da Recitação do CREDO	Celebração da Entrega do PAI-NOSSO
1						
2						
3						
4						
5						
6						
7						
8						
9						
10						
11						
12						
13						
14						
15						
16						
17						
18						
19						
20						
21						
22						
23						
24						
25						

Celebração da ELEIÇÃO	Sacramento da RECONCILIAÇÃO (apenas os batizados)	Sacramento da EUCARISTIA	Envio ao Estágio PASTORAL	Sacramento da CRISMA		

Eleitos

Os inscritos foram acolhidos no processo de Iniciação Cristã no ano de: _____

Acompanham os catequistas: _____

nº	Nome	Data de BATISMO	Celebração da Entrega da PALAVRA DE DEUS	Celebração da Entrega do CREDO	Celebração da Recitação do CREDO	Celebração da Entrega do PAI-NOSSO
1						
2						
3						
4						
5						
6						
7						
8						
9						
10						
11						
12						
13						
14						
15						
16						
17						
18						
19						
20						
21						
22						
23						
24						
25						

Celebração da ELEIÇÃO	Sacramento da RECONCILIAÇÃO (apenas os batizados)	Sacramento da EUCARISTIA	Envio ao Estágio PASTORAL	Sacramento da CRISMA		

Eleitos

Os inscritos foram acolhidos no processo de Iniciação Cristã no ano de: _____

Acompanham os catequistas: _____

nº	Nome	Data de BATISMO	Celebração da Entrega da PALAVRA DE DEUS	Celebração da Entrega do CREDO	Celebração da Recitação do CREDO	Celebração da Entrega do PAI-NOSSO
1						
2						
3						
4						
5						
6						
7						
8						
9						
10						
11						
12						
13						
14						
15						
16						
17						
18						
19						
20						
21						
22						
23						
24						
25						

Celebração da ELEIÇÃO	Sacramento da RECONCILIAÇÃO (apenas os batizados)	Sacramento da EUCARISTIA	Envio ao Estágio PASTORAL	Sacramento da CRISMA		

83

Eleitos

Os inscritos foram acolhidos no processo de Iniciação Cristã no ano de: _____
Acompanham os catequistas: _____

nº	Nome	Data de BATISMO	Celebração da Entrega da PALAVRA DE DEUS	Celebração da Entrega do CREDO	Celebração da Recitação do CREDO	Celebração da Entrega do PAI-NOSSO
1						
2						
3						
4						
5						
6						
7						
8						
9						
10						
11						
12						
13						
14						
15						
16						
17						
18						
19						
20						
21						
22						
23						
24						
25						

Celebração da ELEIÇÃO	Sacramento da RECONCILIAÇÃO (apenas os batizados)	Sacramento da EUCARISTIA	Envio ao Estágio PASTORAL	Sacramento da CRISMA		

Eleitos

Os inscritos foram acolhidos no processo de Iniciação Cristã no ano de: _____
Acompanham os catequistas: _____

nº	Nome	Data de BATISMO	Celebração da Entrega da PALAVRA DE DEUS	Celebração da Entrega do CREDO	Celebração da Recitação do CREDO	Celebração da Entrega do PAI-NOSSO
1						
2						
3						
4						
5						
6						
7						
8						
9						
10						
11						
12						
13						
14						
15						
16						
17						
18						
19						
20						
21						
22						
23						
24						
25						

Celebração da ELEIÇÃO	Sacramento da RECONCILIAÇÃO (apenas os batizados)	Sacramento da EUCARISTIA	Envio ao Estágio PASTORAL	Sacramento da CRISMA		

Eleitos

Os inscritos foram acolhidos no processo de Iniciação Cristã no ano de: _____

Acompanham os catequistas: _____

nº	Nome	Data de BATISMO	Celebração da Entrega da PALAVRA DE DEUS	Celebração da Entrega do CREDO	Celebração da Recitação do CREDO	Celebração da Entrega do PAI-NOSSO
1						
2						
3						
4						
5						
6						
7						
8						
9						
10						
11						
12						
13						
14						
15						
16						
17						
18						
19						
20						
21						
22						
23						
24						
25						

Celebração da ELEIÇÃO	Sacramento da RECONCILIAÇÃO (apenas os batizados)	Sacramento da EUCARISTIA	Envio ao Estágio PASTORAL	Sacramento da CRISMA		

Eleitos

Os inscritos foram acolhidos no processo de Iniciação Cristã no ano de: _____

Acompanham os catequistas: _____

nº	Nome	Data de BATISMO	Celebração da Entrega da PALAVRA DE DEUS	Celebração da Entrega do CREDO	Celebração da Recitação do CREDO	Celebração da Entrega do PAI-NOSSO
1						
2						
3						
4						
5						
6						
7						
8						
9						
10						
11						
12						
13						
14						
15						
16						
17						
18						
19						
20						
21						
22						
23						
24						
25						

Celebração da ELEIÇÃO	Sacramento da RECONCILIAÇÃO (apenas os batizados)	Sacramento da EUCARISTIA	Envio ao Estágio PASTORAL	Sacramento da CRISMA		

Eleitos

Os inscritos foram acolhidos no processo de Iniciação Cristã no ano de: _____

Acompanham os catequistas: _____

nº	Nome	Data de BATISMO	Celebração da Entrega da PALAVRA DE DEUS	Celebração da Entrega do CREDO	Celebração da Recitação do CREDO	Celebração da Entrega do PAI-NOSSO
1						
2						
3						
4						
5						
6						
7						
8						
9						
10						
11						
12						
13						
14						
15						
16						
17						
18						
19						
20						
21						
22						
23						
24						
25						

Celebração da ELEIÇÃO	Sacramento da RECONCILIAÇÃO (apenas os batizados)	Sacramento da EUCARISTIA	Envio ao Estágio PASTORAL	Sacramento da CRISMA		

Eleitos

Os inscritos foram acolhidos no processo de Iniciação Cristã no ano de: _____

Acompanham os catequistas: _____

nº	Nome	Data de BATISMO	Celebração da Entrega da PALAVRA DE DEUS	Celebração da Entrega do CREDO	Celebração da Recitação do CREDO	Celebração da Entrega do PAI-NOSSO
1						
2						
3						
4						
5						
6						
7						
8						
9						
10						
11						
12						
13						
14						
15						
16						
17						
18						
19						
20						
21						
22						
23						
24						
25						

Celebração da ELEIÇÃO	Sacramento da RECONCILIAÇÃO (apenas os batizados)	Sacramento da EUCARISTIA	Envio ao Estágio PASTORAL	Sacramento da CRISMA		

Termo de Encerramento

Foram inscritos neste livro, no período

de _____ de _____

a _____ de _____,

_____ nomes.

Eleitos e iluminados pela luz do ressuscitado, serão seus discípulos e suas testemunhas.

Este livro foi encerrado no dia _____ de _____ de _____, pelo padre

_____, bendizendo ao Senhor pelas

maravilhas realizadas na transmissão da fé.

"O vencedor se vestirá de vestes brancas, e eu jamais apagarei o seu nome do livro da vida. Recomendarei o seu nome diante de meu Pai e de seus anjos." (Ap 3,5)

_____

Assinatura do pároco